Ein wundervoll warmes Hallo!

Geht es dir auch so? Ein Glas heißer Tee oder Kakao, dazu das Gefühl, dass draußen die kalte Winterlandschaft glitzert und drinnen die Zeit stehenbleibt. Ist das nicht märchenhaft? Plötzlich besinnen wir uns auf uns, auf früher, auf Traditionen und Werte ... und auf leckeres Essen, das aus dem Ofen direkt auf den Tisch kommt. Was passt also besser als ein wärmender Auflauf, der sich obendrein prima vorbereiten lässt und dann abends ruckzuck fertig ist? Ich habe mir 30 Auflauf-Rezepte ausgedacht – von Fisch- über Nudel- bis hin zu Fleisch- oder Veggie-Aufläufen ist alles dabei, was dein Herz und dein Magen(!) begehren. Und dann hab ich noch Neuigkeiten für dich: Es gibt zwei Gewürzmischer, die ich speziell für dich kreiert habe und die du nun in meinem Shop bestellen kannst. Keine Sorge, du kennst mich ja – alles kann, nichts muss. Die Aufläufe schmecken auch ohne traumhaft gut!

Jetzt lass uns gleich starten – ich bin gespannt, welches Rezept dir am besten schmeckt!

Deine

Manu

RuckZuck-Manu

RuckZuck-Manu

ruckzuck_manu

www.ruckzuck-manu.de

REZEPTÜBERSICHT

FISCHAUFLÄUFE

FLEISCHAUFLÄUFE

[NU]DELAUFLÄUFE

[V]EGETARISCHE AUFLÄUFE

FISCHFILET MIT KARTOFFELKRUSTE

ZUTATEN (4 PORTIONEN):

4 Fischfilets (frisch oder aufgetaut)
5 Tomaten · etwas Salz · etwas Pfeffer
etwas Alleswürzer (Gemüsebrühpulver)
etwas Öl · 600 g Kartoffeln
1 l Wasser · 60 g geriebener Parmesan
1 TL Salz · Saft einer 1/2 Zitrone
1 TL Dill

1 Tomaten in Würfel schneiden und in eine Auflaufform geben.

2 Gewürfelte Tomaten mit etwas Salz und Pfeffer, Alleswürzer sowie etwas Öl würzen.

3 Kartoffeln (in Stücken) in das Garkörbchen geben.

4 Wasser in den Mixtopf füllen, Garkörbchen einhängen und **25 Min.** / **Varoma** / **Stufe 1** garen.

5 Garflüssigkeit wegschütten.

6 Kartoffeln, Parmesan sowie Salz in den Mixtopf geben und **4 Sek.** / **Stufe 6** vermengen.

7 Fischfilets auf die Tomaten geben und mit dem Saft einer ½ Zitrone beträufeln. Anschließend noch mit Dill bestreuen.

8 Kartoffel-Parmesan-Gemisch auf die Fischfilets geben.

9 Im vorgeheizten Backofen bei 200 °C O/U ca. 20 - 30 Minuten backen.

Ruckzuck fertig!

LACHSFILET AUF BLATTSPINAT

ZUTATEN (4 PORTIONEN):

500 g frischer Blattspinat
2 TL Alleswürzer (Gemüsebrühpulver)
500 g Cherrytomaten · 1 l Wasser
4 Lachsfilets (frisch oder aufgetaut)
Saft einer ½ Zitrone · etwas Dill
200 g Schafskäse · etwas Olivenöl

1 Blattspinat gründlich waschen und in den Varoma geben. Anschließend noch mit Alleswürzer würzen.

2 Cherrytomaten in den Einlegeboden verteilen.

3 Wasser in den Mixtopf geben, Einlegeboden in den Varoma setzen, Varoma aufsetzen und **20 Min. / Varoma / Stufe 1** garen.

4 Spinat in einer Auflaufform verteilen.

5 Darüber die Lachsfilets geben, mit Saft einer ½ Zitrone beträufeln und mit Dill bestreuen.

6 Anschließend seitlich in der Auflaufform die Tomaten verteilen und mit dem Schafskäse (zerbröselt oder in kleinen Stücken) belegen.

7 Zum Schluss alles noch mit einem guten Schuss Olivenöl beträufeln.

8 Im vorgeheizten Backofen bei 200 °C O/U ca. 20 - 30 Minuten backen.

SPINAT-LACHS-AUFLAUF MIT NUDELN

ZUTATEN (4 PORTIONEN):

500 g Nudeln (nach Wahl)
500 g Rahmspinat (TK, aufgetaut)
250 g Lachs (TK, aufgetaut)
geriebener Käse

ZUTATEN CREME:

400 g Schmand
200 g Crème fraîche
2 TL Alleswürzer (Gemüsebrühpulver)
1 TL Zitronensaft
etwas Salz · etwas Pfeffer

1 Nudeln bissfest kochen und anschließend in eine Auflaufform geben.

2 Rahmspinat darauf verteilen.

3 Anschließend mit Lachs (in Würfel geschnitten) belegen.

4 Zutaten für die Creme in den Mixtopf geben und **8 Sek. / Stufe 4** vermengen.

5 Creme auf den Lachs streichen und mit geriebenem Käse bestreuen.

6 Im vorgeheizten Backofen bei 200 °C O/U ca. 30 Minuten backen.

Ruckzuck fertig!

BUNTES GESCHNETZELTES

ZUTATEN (4 PORTIONEN):

500 g Geschnetzeltes • 1 Zwiebel • 1 Knoblauchzehe
3 kleine Zucchini • 3 kleine Karotten
1 rote Paprika • 1 gelbe Paprika • etwas Öl
100 g Sahne • 100 g Milch • 200 g Schmand
1 EL Tomatenmark • 1 TL Italienischwürzer (italienische Kräuter)
1 EL Alleswürzer (Gemüsebrühpulver)
etwas Salz • etwas Pfeffer • geriebener Käse

1 Geschnetzeltes mit Salz und Pfeffer würzen und kurz in einer Pfanne scharf anbraten.

2 Zwiebel (halbiert), Knoblauch, Zucchini (in Stücken), Karotten (in Stücken), rote Paprika (in Stücken) und gelbe Paprika (in Stücken) in den Mixtopf geben und **5 Sek. / Stufe 5** zerkleinern.

3 Mit dem Spatel nach unten schieben.

4 Etwas Öl dazugeben und **10 Min. / Varoma / Linkslauf / Stufe 1** dünsten.

5 Geschnetzeltes in eine Auflaufform geben und darüber das Gemüse mit Bratensaft verteilen.

6 Mixtopf spülen.

7 Sahne, Milch, Schmand, Tomatenmark, Italienischwürzer, Alleswürzer sowie etwas Salz und Pfeffer in den Mixtopf geben und **6 Min. / 100 °C / Stufe 1** kochen.

8 Sauce über das Gemüse verteilen und mit geriebenem Käse bestreuen.

9 Im vorgeheizten Backofen bei 200 °C O/U ca. 30 Minuten backen.

Tipp
Kann beispielsweise mit Reis oder Bandnudeln serviert werden.

SCHARFER RÄUBERTOPF

ZUTATEN (4 PORTIONEN):

4 Schnitzel • 1 Zwiebel
1 Knoblauchzehe • ½ TL Chiliflocken
etwas Öl • 400 g Champignons
2 Gewürzgurken • 1 rote Paprika
1 gelbe Paprika
200 g Schmand • 250 g Wasser
2 EL Tomatenmark
1 EL Alleswürzer (Gemüsebrühpulver)
etwas Salz • etwas Pfeffer
½ TL Paprika edelsüß • ein paar Spritzer Tabasco

1 Schnitzel zu Geschnetzeltem schneiden, mit Salz und Pfeffer würzen und in einer Pfanne kurz scharf anbraten.

2 Zwiebel (halbiert), Knoblauch und Chiliflocken in den Mixtopf geben und **5 Sek.** / **Stufe 5** zerkleinern.

3 Mit dem Spatel nach unten schieben.

4 Etwas Öl, Champignons (geviertelt), Gewürzgurken (in Streifen) sowie die rote und gelbe Paprika (in Streifen) dazugeben und **5 Min.** / **100 °C** / **Linkslauf** / **Sanftrührstufe** garen.

5 Schmand, Wasser, Tomatenmark, Alleswürzer, etwas Salz und Pfeffer, Paprika edelsüß und ein paar Spritzer Tabasco dazugeben und **6 Min.** / **100 °C** / **Linkslauf** / **Sanftrührstufe** vermengen.

6 Geschnetzeltes in eine Auflaufform geben und darüber die Sauce aus dem Mixtopf verteilen.

7 Im vorgeheizten Backofen bei 200 °C O/U ca. 30 Minuten backen.

FEURIGER TORTILLA-HACK-AUFLAUF

ZUTATEN (4 PORTIONEN):
500 g Hackfleisch (gemischt)
300 g Tortilla
Crème fraîche
geriebener Cheddar
2 Zwiebeln
2 Knoblauchzehen
etwas Öl
1 Dose Kidneybohnen (Abtropfgewicht: 255 g)
500 ml Texikana Salsa Sauce

1 Hackfleisch in einer Pfanne scharf mit etwas Salz und Pfeffer anbraten.

2 Zwiebeln (halbiert) und Knoblauch in den Mixtopf geben und **3 Sek. / Stufe 5** zerkleinern.

3 Mit dem Spatel nach unten schieben.

4 Etwas Öl dazugeben und **3 Min. / Varoma / Stufe 1** dünsten.

5 Kidneybohnen (abgetropft), Hackfleisch sowie Texikana Salsa Sauce in den Mixtopf geben und **6 Min. / 100 °C / Linkslauf / Stufe 1** kochen.

6 Eine Auflaufform mit Tortilla auslegen, Hacksauce darübergeben und mit geriebenem Cheddar bestreuen.

7 Die restlichen Tortillas seitlich in die Auflaufform stecken.

8 Im vorgeheizten Backofen bei 200 °C O/U ca. 10 Minuten backen.

Tipp

Vor dem Servieren noch ein paar Kleckse Crème fraîche darauf geben.

GEMÜSE-LEBERKÄS-AUFLAUF

ZUTATEN (4 PORTIONEN):

1 Brokkoli · 1 rote Paprika · 1 gelbe Paprika
3 Karotten · 1 l Wasser
3 Zucchini · 3 – 4 Scheiben Leberkäs
geriebener Käse
1 Päckchen Sauce Hollandaise (250 ml)
200 g Sahne
1 TL Alleswürzer (Gemüsebrühpulver)
etwas Salz · etwas Pfeffer

1 Brokkoli in Röschen schneiden und in den Varoma geben.

2 Paprika (in Streifen) und Karotten (in Streifen) in den Einlegeboden geben.

3 Wasser in den Mixtopf füllen, Einlegeboden in den Varoma setzen, Varoma aufsetzen und **25 Min. / Varoma / Stufe 1** garen.

4 Vorgegartes Gemüse in eine Auflaufform geben und Zucchini (roh, in kleinen Würfeln) daruntermischen.

5 Garflüssigkeit wegschütten.

6 Leberkäs in Würfel schneiden und auf das Gemüse geben.

7 Zutaten für die Sauce in den Mixtopf geben und **10 Sek. / Stufe 4** vermengen.

8 Sauce zum Auflauf geben und mit etwas geriebenem Käse bestreuen.

9 Im vorgeheizten Backofen bei 200 °C O/U ca. 30 Minuten backen.

GYROS-NUDEL-AUFLAUF

ZUTATEN (4 PORTIONEN):

250 g Penne
500 g Gyrosfleisch (gewürzt)
1 rote Paprika • 1 Zwiebel • 200 g Champignons
2 TL Alleswürzer (Gemüsebrühpulver)
etwas Öl • geriebener Cheddar
200 g Schmand • 200 g Sahne
200 g Milch • 50 g Tomatenmark
1 TL Paprika edelsüß
etwas Salz • etwas Pfeffer

1 Penne bissfest kochen und in eine Auflaufform geben.

2 Das gewürzte Gyrosfleisch kurz in einer Pfanne scharf anbraten und anschließend auf den Nudeln verteilen.

3 Paprika (in Würfel), Zwiebel (in Ringe geschnitten), Champignons (geviertelt), Alleswürzer sowie etwas Öl in den Mixtopf geben und **8 Min. / 100 °C / Linkslauf / Sanftrührstufe** dünsten.

4 Gemüse mit dem Bratensaft auf dem Gyros verteilen.

5 Zutaten für die Sauce in den Mixtopf geben und **4 Min. / 100 °C / Stufe 3** erwärmen.

6 Sauce auf das Gemüse geben.

7 Mit geriebenem Cheddar bestreuen.

8 Im vorgeheizten Backofen bei 200 °C O/U ca. 30 Minuten backen.

Tipp
Als Beilage eignen sich
Reis oder Nudeln.

HACKAUFLAUF MIT SCHAFSKÄSE

ZUTATEN (4 PORTIONEN):

500 g Hackfleisch (gemischt)
1 Zwiebel · 2 Knoblauchzehen · etwas Öl
400 g Champignons
1 rote Paprika · 1 grüne Paprika
1 TL Alleswürzer (Gemüsebrühpulver)
200 g Schmand · 1 TL Oregano
etwas Salz · etwas Pfeffer · Schafskäse

1 Hackfleisch in der Pfanne scharf mit Salz und Pfeffer anbraten.

2 Zwiebel (halbiert) und Knoblauch in den Mixtopf geben und **3 Sek. / Stufe 5** zerkleinern.

3 Mit dem Spatel nach unten schieben.

4 Etwas Öl dazugeben.

5 Champignons (in Scheiben), Paprika (in Streifen) und Alleswürzer in den Mixtopf geben und **6 Min. / 100 °C / Linkslauf / Sanftrührstufe** dünsten.

6 Schmand, Oregano sowie etwas Salz und Pfeffer dazugeben und **3 Min. / 100 °C / Linkslauf / Sanftrührstufe** vermengen.

7 Hackfleisch und Gemüse mit Bratensaft in eine Auflaufform geben und miteinander vermengen.

8 Zum Schluss Schafskäse darüber bröseln.

9 Im vorgeheizten Backofen bei 200 °C O/U ca. 30 Minuten backen.

HACKBRATEN

ZUTATEN (4 PORTIONEN):

1 Zwiebel • 1 Knoblauchzehe
2 Scheiben Toastbrot
etwas frische Petersilie
1 Ei • etwas Salz • etwas Pfeffer
etwas Paprika edelsüß
1 kg Hackfleisch (gemischt)
2 hartgekochte Eier

1 Zwiebel (halbiert), Knoblauch, Toastbrot (in Stücken), frische Petersilie in den Mixtopf geben und **5 Sek. / Stufe 5** zerkleinern.

2 Mit dem Spatel nach unten schieben.

3 Ei, Gewürze und das Hackfleisch dazugeben und **3 Min. / Kneten.**

4 Den Hackteig zu einem Laib formen und in die Mitte die zwei hartgekochten Eier dazugeben.

5 Hackbraten in eine gefettete Auflaufform geben.

6 Im vorgeheizten Backofen bei 200 °C O/U ca. 50 - 60 Minuten backen.

Tipp

Als Beilage zum Hackbraten eignen sich Reis, Kartoffeln oder Buttergemüse.

HACKFLEISCH-SÜSSKARTOFFEL-AUFLAUF

ZUTATEN (4 PORTIONEN):

1 kg Süßkartoffeln • 1 l Wasser
500 g Hackfleisch (gemischt)
2 Zwiebeln • 1 Knoblauchzehe • ½ TL Chiliflocken
etwas Öl • 40 g Tomatenmark • geriebener Käse
200 g Milch • 200 g Sahne • 4 Eier
1 TL Alleswürzer (Gemüsebrühpulver)
etwas Salz • etwas Pfeffer

1 Süßkartoffeln schälen und in den Varoma geben.

2 Wasser in den Mixtopf geben, Varoma aufsetzen und **35 Min.** / **Varoma** / **Stufe 1** garen.

3 Garflüssigkeit wegschütten, Süßkartoffeln in Scheiben schneiden und zur Seite stellen.

4 Hackfleisch in einer Pfanne scharf mit etwas Salz und Pfeffer anbraten.

5 Zwiebeln (halbiert), Knoblauch und Chiliflocken in den Mixtopf geben und **5 Sek.** / **Stufe 5** zerkleinern.

6 Mit dem Spatel nach unten schieben.

7 Etwas Öl dazugeben und **3 Min.** / **Varoma** / **Stufe 1** dünsten.

8 Hackfleisch und Tomatenmark in den Mixtopf geben und **5 Min.** / **100 °C** / **Linkslauf** / **Sanftrührstufe** kochen.

9 Nun etwas Hackmasse in eine Auflaufform geben und abwechselnd mit Süßkartoffelscheiben schichten.

10 Mixtopf spülen.

11 Zutaten für die Sauce in den Mixtopf geben und **20 Sek.** / **Stufe 4** verrühren.

12 Sauce auf dem Auflauf verteilen und mit geriebenem Käse bestreuen.

13 Im vorgeheizten Backofen bei 200 °C O/U ca. 30 Minuten backen.

Tipp

Schmeckt super zu gekochtem Reis.

HÄHNCHEN-CAPRESE

2 Knoblauchzehen • ½ TL Chiliflocken
1400 g passierte Tomaten
2 TL Italienischwürzer (italienische Kräuter)
1 TL Alleswürzer (Gemüsebrühpulver)
1 TL Salz • 1 TL Zucker • 100 g Wasser

ZUTATEN (4 PORTIONEN):

4 Hähnchenbrustfilets • 2 Kugeln Mozzarella
1 Handvoll frische Basilikumblätter • 2 Tomaten
etwas Salz • etwas Pfeffer • etwas Paprika edelsüß

1 Knoblauch und Chiliflocken in den Mixtopf geben und **5 Sek. / Stufe 5** zerkleinern.

2 Mit dem Spatel nach unten schieben.

3 Restliche Zutaten für die Sauce in den Mixtopf dazugeben und **30 Min. / 100 °C / Stufe 2** kochen.

4 Während die Tomatensauce kocht, mit der Zubereitung der Hähnchenbrustfilets beginnen.

5 Hähnchenbrustfilets schmetterlingsartig aufschneiden und jeweils mit ein paar Mozzarellascheiben, Tomatenscheiben und Basilikumblättern füllen.

6 Anschließend die gefüllten Hähnchenbrustfilets mit Zahnstochern verschließen.

7 Filets beidseitig mit Salz, Pfeffer und Paprika edelsüß würzen und in einer Pfanne kurz scharf anbraten.

8 Die angebratenen Hähnchenbrustfilets in eine Auflaufform geben und mit der Tomatensauce aus dem Mixtopf übergießen.

9 Sauce anschließend mit dem Spatel in der Auflaufform verteilen, sodass alles bedeckt ist.

10 Abschließend mit restlichen Mozzarellascheiben belegen.

11 Im vorgeheizten Backofen bei 200 °C O/U ca. 20 Minuten backen.

KASSELER-BROT-KOHL-AUFLAUF

ZUTATEN (4 PORTIONEN):

500 g Weißkohl · 2 Zwiebeln
3 EL Öl · 3 EL Wasser
etwas Salz · etwas Pfeffer
6 Scheiben Brot · 6 Scheiben Kasseler
1 Knoblauchzehe · 200 g Milch
200 g Sahne · 4 Eier · 100 g geriebener Käse
etwas Salz · etwas Pfeffer

1 Den Weißkohl in Streifen und die Zwiebeln in Halbringe schneiden.

2 Geschnittenen Weißkohl und Zwiebeln sowie Öl, Wasser und etwas Salz und Pfeffer in den Mixtopf geben und **10 Min. / 100 °C / Linkslauf / Sanftrührstufe** dünsten.

3 In eine Schüssel umfüllen.

4 Knoblauch in den Mixtopf geben und **3 Sek. / Stufe 5** zerkleinern.

5 Mit dem Spatel nach unten schieben.

6 Restliche Zutaten für die Sauce in den Mixtopf dazugeben und **10 Sek. / Stufe 5** vermischen.

7 Sauce in eine Auflaufform geben.

8 Danach abwechselnd sechs Scheiben Kasseler und sechs Scheiben Brot in der Auflaufform hintereinander schichten.

9 In die Zwischenräume und zwischen den einzelnen Scheiben Kohl füllen.

10 Im vorgeheizten Backofen bei 200 °C O/U ca. 30 Minuten backen.

KASSELER-BROKKOLI-AUFLAUF

ZUTATEN (4 PORTIONEN):

1 Brokkoli · 4 Scheiben Kasseler
1 l Wasser · 250 g Nudeln (nach Wahl)
geriebener Käse
200 g Schmand · 200 g Milch
2 TL Alleswürzer (Gemüsebrühpulver)
etwas Salz · etwas Pfeffer

1 Brokkoli in Röschen schneiden und in den Varoma geben.

2 Kasseler in Würfel schneiden und in den Einlegeboden geben.

3 Wasser in den Mixtopf geben, Einlegeboden in den Varoma setzen, Varoma aufsetzen und **20 Min. / Varoma / Stufe 1** garen.

4 In der Zwischenzeit Nudeln bissfest kochen.

5 Nudeln, Brokkoli und Kasseler in eine Auflaufform geben. Garflüssigkeit wegschütten.

6 Zutaten für die Sauce in den Mixtopf geben und **10 Sek. / Stufe 4** vermengen.

7 Sauce über die Zutaten in der Auflaufform geben und mit etwas geriebenem Käse bestreuen.

8 Im vorgeheizten Backofen bei 200 °C O/U ca. 30 Minuten backen.

Ruckzuck fertig!

KOHLRABI-SCHINKEN-AUFLAUF

ZUTATEN (4 PORTIONEN):

3 Kohlrabi
200 g gekochter Schinken
300 g Erbsen (TK, aufgetaut)
50 g geriebener Parmesan
20 g Semmelbrösel (oder Paniermehl)
ein paar Butterflöckchen
400 g Milch • 3 Eier
2 EL Schnittlauchröllchen
etwas Salz • etwas Pfeffer

1 Kohlrabi schälen und in ganz dünne Scheiben hobeln.

2 In eine Auflaufform abwechselnd Kohlrabi, gekochten Schinken und Erbsen schichten.

3 Milch, Eier, Schnittlauchröllchen sowie etwas Salz und Pfeffer in den Mixtopf geben und **5 Sek. / Stufe 5** vermischen.

4 Den Inhalt des Mixtopfes in die Auflaufform gießen.

5 Mit Parmesan und Semmelbröseln bestreuen.

6 Abschließend ein paar Butterflöckchen auf dem Auflauf verteilen.

7 Im vorgeheizten Backofen bei 200 °C O/U ca. 30 Minuten backen.

ÜBERBACKENE JÄGERSCHNITZEL

ZUTATEN (4 PORTIONEN):

4 Schweineschnitzel • 2 Zwiebeln
1 Knoblauchzehe • etwas Öl
500 g Champignons
etwas Salz • etwas Pfeffer
1 TL Italienischwürzer (italienische Kräuter)
1 TL Alleswürzer (Gemüsebrühpulver)
2 TL Tomatenmark • 1 TL Paprika edelsüß
50 g Speckwürfel
300 g Wasser • 200 g Sahne
1 EL Alleswürzer (Gemüsebrühpulver)
20 g Mehl

1 Die Schweineschnitzel mit Salz und Pfeffer würzen und in einer Pfanne kurz scharf anbraten.

2 Zwiebeln (halbiert) und Knoblauch in den Mixtopf geben und **3 Sek. / Stufe 5** zerkleinern.

3 Mit dem Spatel nach unten schieben.

4 Etwas Öl, Champignons (geviertelt), etwas Salz und Pfeffer, Italienischwürzer, Alleswürzer, Tomatenmark, Paprika edelsüß sowie die Speckwürfel dazugeben und **6 Min. / 100 °C / Linkslauf / Sanftrührstufe** vermengen.

5 Restliche Zutaten in den Mixtopf geben und **10 Min. / 100 °C / Linkslauf / Sanftrührstufe** kochen.

6 Schnitzel in eine Auflaufform geben und Sauce darüber verteilen.

7 Im vorgeheizten Backofen bei 200 °C O/U ca. 30 Minuten backen.

Tipp

Nach Belieben kann Käse darauf gegeben werden. Als Beilage eignen sich besonders Reis, Nudeln oder Buttergemüse.

ZWIEBEL-SAHNE-HÄHNCHEN

ZUTATEN (4 PORTIONEN):

4 Hähnchenbrustfilets
etwas Paprika edelsüß · 50 g Butter
etwas Salz · etwas Pfeffer
6 Zwiebeln · 1 TL Mehl · 200 g Sahne
100 g Milch · 150 g Wasser
2 EL Tomatenmark
2 TL Alleswürzer (Gemüsebrühpulver)

1 Hähnchenbrustfilets mit Salz, Pfeffer und Paprika edelsüß würzen und in einer Pfanne kurz scharf anbraten.

2 Anschließend die angebratenen Hähnchenbrustfilets in eine Auflaufform geben.

3 Butter in den Mixtopf geben und **3 Min. / Varoma / Stufe 1** erwärmen.

4 Zwiebeln (in Ringe geschnitten) dazugeben und **15 Min. / 100 °C / Linkslauf / Sanftrührstufe** dünsten.

5 Mehl dazugeben und **3 Min. / 100 °C / Linkslauf / Sanftrührstufe** vermengen.

6 Sahne, Milch, Wasser, Tomatenmark, Alleswürzer sowie etwas Salz und Pfeffer in den Mixtopf dazugeben und **8 Min. / 100 °C / Linkslauf / Sanftrührstufe** kochen.

7 Sauce über die Hähnchenbrustfilets gießen.

8 Im vorgeheizten Backofen bei 200 °C O/U ca. 30 Minuten backen.

ROSENKOHL-AUFLAUF MIT SPECK

ZUTATEN (4 PORTIONEN):

1 kg Rosenkohl • 1 l Wasser
1 Zwiebel • etwas Öl
100 g Speckwürfel • 200 g Sahne • 4 Eier
200 g geriebener Käse
1 TL Alleswürzer (Gemüsebrühpulver)
etwas Salz • etwas Pfeffer

1 Rosenkohl in den Varoma geben.

2 Wasser in den Mixtopf füllen, Varoma aufsetzen und **20 Min. / Varoma / Stufe 1** garen.

3 Vorgegarten Rosenkohl in eine Auflaufform geben und Garflüssigkeit wegschütten.

4 Zwiebel (halbiert) in den Mixtopf geben und **3 Sek. / Stufe 5** zerkleinern.

5 Mit dem Spatel nach unten schieben.

6 Etwas Öl und Speckwürfel dazugeben und **5 Min. / Varoma / Stufe 1** dünsten.

7 Restliche Zutaten für die Sauce in den Mixtopf geben und **10 Sek. / Stufe 4** vermengen.

8 Sauce über den Rosenkohl geben.

9 Im vorgeheizten Backofen bei 200 °C O/U ca. 30 Minuten backen.

Tipp

Hokkaidokürbis muss nicht geschält werden.

GNOCCHI-KÜRBIS-HACK-AUFLAUF

ZUTATEN (4 PORTIONEN):

500 g Rinderhackfleisch • 2 Zwiebeln
2 Knoblauchzehen • etwas Öl
2 EL Tomatenmark • 2 TL Currypulver
500 g Wasser • 1 EL Alleswürzer (Gemüsebrühpulver)
600 g Hokkaidokürbis
200 g Schmand • 2 TL Basilikum getrocknet
500 g Gnocchi • geriebener Cheddar

1 Das Rinderhackfleisch in einer Pfanne scharf mit Salz und Pfeffer anbraten.

2 Zwiebeln (halbiert) und Knoblauch in den Mixtopf geben und **3 Sek. / Stufe 5** zerkleinern.

3 Mit dem Spatel nach unten schieben.

4 Etwas Öl sowie Tomatenmark in den Mixtopf dazugeben und **3 Min. / Varoma / Stufe 1** dünsten.

5 Das angebratene Rinderhackfleisch, Currypulver, Wasser, Alleswürzer und den gewürfelten Hokkaidokürbis in den Mixtopf dazugeben und **10 Min. / 100 °C / Linkslauf / Stufe 1** kochen.

6 Schmand und Basilikum dazugeben und **2 Min. / 100 °C / Linkslauf / Stufe 1** vermengen.

7 Gnocchi in eine Auflaufform geben und mit dem Inhalt des Mixtopfes übergießen.

8 Zum Schluss noch den geriebenen Cheddar darüber verteilen.

9 Im vorgeheizten Backofen bei 200 °C O/U ca. 30 Minuten backen.

KUNTERBUNTER NUDELAUFLAUF

ZUTATEN (4 PORTIONEN):

500 g Nudeln (nach Wahl)
800 g Buttergemüse (TK, aufgetaut)
geriebener Käse
200 g Schmand
200 g Sahne · 100 g Milch
1 TL Alleswürzer (Gemüsebrühpulver)
1 TL Italienischwürzer (italienische Kräuter)
etwas Salz · etwas Pfeffer

1 Nudeln bissfest kochen und in eine Auflaufform geben.

2 Buttergemüse über die Nudeln verteilen.

3 Zutaten für die Sauce in den Mixtopf geben und **10 Sek. / Stufe 4** vermengen.

4 Sauce über das Gemüse gießen und mit etwas geriebenem Käse bestreuen.

5 Im vorgeheizten Backofen bei 200 °C O/U ca. 30 Minuten backen.

MAULTASCHEN-BROKKOLI-AUFLAUF

ZUTATEN (4 PORTIONEN):

1 Brokkoli • 1 l Wasser
1 kg Maultaschen • geriebener Käse
2 Zwiebeln • etwas Öl
1 EL Tomatenmark • 800 g stückige Tomaten
½ TL Oregano (getrocknet)
1 TL Alleswürzer (Gemüsebrühpulver)
1 TL Zucker • 1 TL Salz

1 Brokkoli in Röschen schneiden und in den Varoma geben.

2 Wasser in den Mixtopf geben, Varoma aufsetzen und **20 Min.** / **Varoma** / **Stufe 1** garen.

3 Varoma absetzen und Garflüssigkeit weggießen.

4 Zwiebeln (halbiert) in den Mixtopf geben und **3 Sek.** / **Stufe 5** zerkleinern.

5 Mit dem Spatel nach unten schieben.

6 Etwas Öl dazugeben und **5 Min.** / **Varoma** / **Stufe 1** anbraten.

7 Mit dem Spatel nach unten schieben.

8 Restliche Zutaten für die Sauce dazugeben und **30 Min.** / **100 °C** / **Stufe 1** köcheln.

9 Maultaschen (in Streifen geschnitten) und Brokkoli in eine Auflaufform geben und vermengen.

10 Tomatensauce darüber verteilen.

11 Mit geriebenem Käse bestreuen.

12 Im vorgeheizten Backofen bei 200 °C O/U ca. 30 Minuten backen.

NUDEL-HACK-AUFLAUF

ZUTATEN (4 PORTIONEN):

500 g Nudeln (nach Wahl)
500 g Hackfleisch (gemischt)
1 Zwiebel · 1 Knoblauchzehe
etwas Öl · 200 g Kräuterfrischkäse
200 g Sahne · 200 g Wasser
1 EL Alleswürzer (Gemüsebrühpulver)
100 g Tomatenmark
etwas Salz · etwas Pfeffer
geriebener Käse

1 Nudeln bissfest kochen und in eine Auflaufform geben.

2 Hackfleisch in einer Pfanne scharf mit etwas Salz und Pfeffer anbraten und anschließend auf die Nudeln geben.

3 Zwiebel (halbiert) und Knoblauch in den Mixtopf geben und **3 Sek.** / **Stufe 5** zerkleinern.

4 Mit dem Spatel nach unten schieben.

5 Etwas Öl dazugeben und **3 Min.** / **Varoma** / **Stufe 1** dünsten.

6 Kräuterfrischkäse, Sahne, Wasser, Alleswürzer, Tomatenmark sowie etwas Salz und Pfeffer in den Mixtopf geben und **10 Min.** / **100 °C** / **Stufe 2** kochen.

7 Sauce über das Hackfleisch gießen und mit etwas geriebenem Käse bestreuen.

8 Im vorgeheizten Backofen bei 200 °C O/U ca. 30 Minuten backen.

~buon appetito~

RIGATONI-CAPRESE-AUFLAUF

ZUTATEN (4 PORTIONEN):

500 g Rigatoni
400 g Cherrytomaten · 2 Kugeln Mozzarella
geriebener Parmesan
1 Zwiebel · 2 Knoblauchzehen
½ TL Chiliflocken · etwas Olivenöl
700 g passierte Tomaten · 200 g Sahne
1 TL Salz · 1 TL Zucker
1 TL Italienischwürzer (italienische Kräuter)
1 TL Alleswürzer (Gemüsebrühpulver)
60 g Parmesan (gerieben)

1 Rigatoni bissfest kochen und in eine Auflaufform geben.

2 Zwiebel (halbiert), Knoblauch und Chiliflocken in den Mixtopf geben und **5 Sek. / Stufe 5** zerkleinern.

3 Mit dem Spatel nach unten schieben.

4 Etwas Olivenöl dazugeben und **3 Min. / Varoma / Stufe 1** dünsten.

5 Passierte Tomaten dazugeben und **6 Min. / 100 °C / Stufe 1** erwärmen.

6 Restliche Zutaten für die Sauce dazugeben und **20 Sek. / Stufe 4** verrühren.

7 Die Sauce über den Nudeln verteilen.

8 Anschließend die Cherrytomaten (halbiert) darauf geben.

9 Mit Mozzarella (in Scheiben) belegen und mit geriebenem Parmesan bestreuen.

10 Im vorgeheizten Backofen bei 200 °C O/U ca. 30 Minuten backen.

SCHUPFNUDEL-AUFLAUF

ZUTATEN (4 PORTIONEN):

500 g Schupfnudeln
500 g Hackfleisch (gemischt)
etwas Salz · etwas Pfeffer · geriebener Käse
1 Zwiebel · 1 Knoblauchzehe · etwas Öl
1 Stange Lauch · 400 g gehackte Tomaten
200 g Cherrytomaten · 1 Zucchini
1 TL Alleswürzer (Gemüsebrühpulver)
1 TL Italienischwürzer (italienische Kräuter)
1 TL Salz · 1 TL Zucker · etwas Pfeffer

1 Schupfnudeln in eine Auflaufform geben.

2 Hackfleisch in einer Pfanne kurz mit etwas Salz und Pfeffer anbraten und anschließend auf die Schupfnudeln geben.

3 Zwiebel (halbiert) und Knoblauch in den Mixtopf geben und **3 Sek.** / **Stufe 5** zerkleinern.

4 Mit dem Spatel nach unten schieben.

5 Etwas Öl und Lauch (in Ringe geschnitten) dazugeben und **5 Min.** / **Varoma** / **Stufe 1** dünsten.

6 Gehackte Tomaten, Cherrytomaten (halbiert), Zucchini (in halben Scheiben), Alleswürzer, Italienischwürzer, Salz, Zucker und etwas Pfeffer in den Mixtopf geben und **10 Min.** / **100 °C** / **Linkslauf** / **Stufe 1** kochen.

7 Sauce über das Hackfleisch geben und mit geriebenem Käse bestreuen.

8 Im vorgeheizten Backofen bei 200 °C O/U ca. 30 Minuten backen.

TORTELLINI-AUFLAUF IN WEISSWEINSAUCE

ZUTATEN (4 PORTIONEN):

500 g Tortellini · 200 g Kochschinken
geriebener Käse
1 Zwiebel · 4 Knoblauchzehen
etwas Öl · 200 g Weißwein
200 g Sahne · 100 g Milch
1 TL Alleswürzer (Gemüsebrühpulver)
1 TL Italienischwürzer (italienische Kräuter)
1 EL Tomatenmark
etwas Salz · etwas Pfeffer

1 Tortellini nach Packungsanleitung zubereiten und in eine Auflaufform geben.

2 Zwiebel (halbiert) und Knoblauch in den Mixtopf geben und **3 Sek. / Stufe 5** zerkleinern.

3 Mit dem Spatel nach unten schieben.

4 Etwas Öl dazugeben und **3 Min. / Varoma / Stufe 1** dünsten.

5 Restliche Zutaten für die Sauce in den Mixtopf geben und **10 Min. / 100 °C / Stufe 2** kochen.

6 Kochschinken in Streifen schneiden und auf den Tortellini verteilen.

7 Sauce darüber verteilen und mit etwas geriebenem Käse bestreuen.

8 Im vorgeheizten Backofen bei 200 °C O/U ca. 30 Minuten backen.

Tipp
Als Beilage eignen sich
Reis oder Nudeln.

GEFÜLLTE SPITZPAPRIKA

ZUTATEN (4 PORTIONEN):

4 Spitzpaprika · geriebener Käse
1 Zwiebel · 2 Knoblauchzehen
etwas Öl · 700 g passierte Tomaten
1 TL Alleswürzer (Gemüsebrühpulver)
2 TL Italienischwürzer (italienische Kräuter)
100 g Schmand · 1 TL Salz · 1 TL Zucker

ZUTATEN FÜLLUNG:

2 Knoblauchzehen · 100 g Schmand
100 g Schafskäse in Stücken · 100 g geriebener Käse

1 Zwiebel (halbiert) und Knoblauch in den Mixtopf geben und **3 Sek. / Stufe 5** zerkleinern.

2 Mit dem Spatel nach unten schieben.

3 Etwas Öl dazugeben und **3 Min. / Varoma / Stufe 1** dünsten.

4 Restliche Zutaten für die Sauce in den Mixtopf dazugeben und **20 Min. / 100 °C / Stufe 1** kochen.

5 Sauce umfüllen und Mixtopf spülen.

6 Zwei Knoblauchzehen in den Mixtopf geben und **3 Sek. / Stufe 5** zerkleinern.

7 Mit dem Spatel nach unten schieben.

8 Restliche Zutaten für die Füllung dazugeben und **10 Sek. / Stufe 4** vermengen.

9 Bei den Spitzpaprika den Deckel entfernen und Kerngehäuse herausnehmen.

10 Die ausgehöhlten Spitzpaprika nun mit der Käse-Schmand-Masse füllen.

11 In eine Auflaufform legen, mit der Tomatensauce begießen und mit geriebenem Käse bestreuen.

12 Im vorgeheizten Backofen bei 200 °C O/U ca. 30 Minuten backen.

Tipp

Schmeckt besonders gut mit Schmelzzwiebeln.

RUCKZUCK-KÄSESPÄTZLE

ZUTATEN (4 PORTIONEN):

1 kg Spätzle (frisch, aus dem Kühlregal)
200 g Emmentaler
1 Zwiebel · 50 g Butter
400 g Sahne
1 TL Salz · ½ TL Pfeffer

1 Spätzle in eine Auflaufform geben.

2 Emmentaler (in Stücken) in den Mixtopf geben und **6 Sek. / Stufe 6** zerkleinern und anschließend umfüllen.

3 Zwiebel (halbiert) in den Mixtopf geben und **3 Sek. / Stufe 5** zerkleinern.

4 Mit dem Spatel nach unten schieben.

5 Butter dazugeben und **3 Min. / Varoma / Stufe 1** dünsten.

6 Sahne sowie Salz und Pfeffer dazugeben und **6 Min. / 100 °C / Stufe 1** kochen.

7 100 g Emmentaler dazugeben und **10 Sek. / Stufe 6** vermengen.

8 Sauce zu den Spätzle geben und ebenfalls gut vermischen.

9 Restlichen Emmentaler darüberstreuen.

10 Im vorgeheizten Backofen bei 200 °C O/U ca. 20 Minuten backen.

Ruckzuck fertig!

SPINAT-LASAGNE

ZUTATEN (4 PORTIONEN):

Lasagneplatten (ca. 9 Stück, je nach Auflaufform)
800 g Blattspinat (frisch oder TK, aufgetaut) · 1 l Wasser · 2 Zwiebeln
2 Knoblauchzehen · etwas Öl · 300 g Frischkäse · 1 Prise Muskat
etwas Salz · etwas Pfeffer · 2 EL Tomatenmark · 800 g stückige Tomaten
1 TL Alleswürzer (Gemüsebrühpulver) · 1 TL Zucker · 1 TL Salz
1 TL Italienischwürzer (italienische Kräuter) · geriebener Parmesan

1 Blattspinat in den Varoma geben.

2 Wasser in den Mixtopf füllen, Varoma auf den Mixtopf setzen und **15 Min. / Varoma / Stufe 1** garen.

3 Spinat zur Seite stellen und Garflüssigkeit wegschütten.

4 Eine Zwiebel (halbiert) und eine Knoblauchzehe in den Mixtopf geben und **3 Sek. / Stufe 5** zerkleinern.

5 Mit dem Spatel nach unten schieben.

6 Etwas Öl dazugeben und **3 Min. / Varoma / Stufe 1** dünsten.

7 Blattspinat dazugeben und **30 Sek. / Linkslauf / Stufe 2** verrühren.

8 Frischkäse, Muskat sowie etwas Salz und Pfeffer dazugeben und **3 Min. / 98 °C / Linkslauf / Stufe 1** kochen.

9 Anschließend den Inhalt des Mixtopfes in eine Schüssel umfüllen.

10 Mixtopf spülen.

11 Eine Zwiebel (halbiert) und eine Knoblauchzehe in den Mixtopf geben und **3 Sek. / Stufe 5** zerkleinern.

12 Mit dem Spatel nach unten schieben.

13 Etwas Öl sowie Tomatenmark dazugeben und **4 Min. / Varoma / Stufe 1** dünsten.

14 Stückige Tomaten, Alleswürzer, Zucker, Salz sowie den Italienischwürzer dazugeben und **15 Min. / Varoma / Stufe 1** kochen.

15 Nun in eine Auflaufform abwechselnd Tomatensauce, Lasagneplatten und Spinat schichten. Mit der Tomatensauce beginnen und enden.

16 Mit geriebenem Parmesan bestreuen und im vorgeheizten Backofen bei 200 °C O/U ca. 30 Minuten backen.

TOMATENREIS MIT MOZZARELLA

ZUTATEN (4 PORTIONEN):

500 g Reis · Wasser
4 – 6 Tomaten · 2 – 3 Kugeln Mozzarella
1 Zwiebel · 2 Knoblauchzehen
eine Handvoll frische Basilikumblätter
½ TL Chiliflocken · etwas Öl
700 g passierte Tomaten
100 g Wasser · 100 g Sahne
1 TL Salz · 1 TL Zucker
1 TL Alleswürzer (Gemüsebrühpulver)

1 Reis nach dem automatischen Reisprogramm im Thermomix® kochen.

2 Gekochten Reis in eine Auflaufform geben.

3 Mixtopf spülen.

4 Zwiebel (halbiert), Knoblauch, frische Basilikumblätter und die Chiliflocken in den Mixtopf geben und **5 Sek. / Stufe 5** zerkleinern.

5 Mit dem Spatel nach unten schieben.

6 Etwas Öl dazugeben und **3 Min. / Varoma / Stufe 1** dünsten.

7 Restliche Zutaten für die Tomatensauce in den Mixtopf dazugeben und **30 Min. / 100 °C / Stufe 1** kochen.

8 Tomatensauce über den Reis gießen.

9 Mit Tomaten- und Mozzarellascheiben abwechselnd belegen.

10 Im vorgeheizten Backofen bei 200 °C O/U ca. 30 Minuten backen.

ZUCCHINI-TOMATEN-AUFLAUF

ZUTATEN (4 PORTIONEN):

4 Zucchini
6 große Tomaten
4 Knoblauchzehen
½ TL Chiliflocken
150 g Olivenöl
3 TL Italienischwürzer (italienische Kräuter)
½ TL Salz · 200 g Feta

1 Zucchini und Tomaten in Scheiben schneiden und in eine Auflaufform abwechselnd schichten.

2 Knoblauch und Chiliflocken in den Mixtopf geben und **5 Sek. / Stufe 5** zerkleinern.

3 Mit dem Spatel nach unten schieben.

4 Olivenöl, Italienischwürzer und Salz dazugeben und **5 Min. / Varoma / Stufe 1** dünsten.

5 Knoblauchöl über das Gemüse geben.

6 Feta (in groben Stücken) in den Mixtopf geben und **4 Sek. / Stufe 6** zerkleinern.

7 Den zerkleinerten Feta über das Gemüse streuen.

8 Im vorgeheizten Backofen bei 200 °C O/U ca. 30 Minuten backen.

Ruckzuck fertig!

Meine ♡ Lieblingsgewürze ♡ für dich!

Möchtest du deinen Thermomix®-Gerichten mehr Pep verleihen? Dann probier doch mal meine neuen Gewürzmischungen! Ich habe für dich zwei köstliche Würzer zusammengestellt, die du vielseitig einsetzen kannst.

„Mein Italienischwürzer“ enthält duftende mediterrane Kräuter wie Oregano, Petersilie, Basilikum, Rosmarin, Thymian, Salbei und Nelken. Nutze ihn, um Pasta, Pizza und Salate abzuschmecken und hol dir so einen Hauch von Italien nach Hause. Den Italienischwürzer bekommst du online in meinem Shop: **www.ruckzuck-manu.de** 100 Gramm kannst du für 5,95 Euro zzgl. Versandkosten bestellen.

Übrigens:

Alle meine Würzmischungen sind frei von Geschmacksverstärkern, Gluten und Farbstoffen. Für absolut natürlichen, gesunden Genuss!